The Little Mermaid

인어공주

인어공주

First edition: October 2009

TEL (02)2000-0515 ǀ FAX (02)2271-0172
ISBN 978-89-17-23755-9

YBM Reading Library는...

쉬운 영어로 문학 작품을 즐기면서 영어 실력을 크게 향상시킬 수 있도록 개발된 독해력 완성 프로젝트입니다. 전 세계 어린이와 청소년들에게 재미와 감동을 주는 세계의 명작을 이제 영어로 읽으세요. 원작에 보다 가까이 다가가는 재미와 명작의 깊이를 느낄 수 있을 거예요.

350 단어에서 1800 단어까지 6단계로 나누어져 있어 초·중·고 어느 수준에서나 자신이 좋아하는 스토리를 골라 읽을 수 있고, 눈에 쉽게 들어오는 기본 문장을 바탕으로 활용도가 높고 세련된 영어 표현을 구사하기 때문에 쉽게 읽으면서 영어의 맛을 느낄 수 있습니다. 상세한 해설과 흥미로운 학습 정보, 퀴즈 등이 곳곳에 숨어 있어 학습 효과를 더욱 높일 수 있습니다.

이야기의 분위기를 멋지게 재현해 주는 삽화를 보면서 재미있는 이야기를 읽고, 전문 성우들의 박진감 있는 연기로 스토리를 반복해서 듣다 보면 리스닝 실력까지 크게 향상됩니다.

세계의 명작을 읽는 재미와 영어 실력 완성의 기쁨을 마음껏 맛보고 싶다면, YBM Reading Library와 함께 지금 출발하세요!

YBM Reading Library

책을 읽기 전에 가볍게 워밍업을 한 다음, 재미있게 스토리를 읽고, 다 읽고 난 후 주요
구문과 리스닝까지 꼭꼭 다지는 3단계 리딩 전략! YBM Reading Library, 이렇게 활용
하세요.

Before the Story

Words in the Story
스토리에 들어가기 전,
주요 단어를 맛보며 이야기의
분위기를 느껴 보세요~

When each sister turned fifteen, they swam to the
surface of the water.
Then they returned to tell the others about their
adventures.
The youngest sister always loved to hear their stories
the most.
"Oh, I want to be fifteen!" she said.
"I'd love to see the world above the sea. [1]
I'd love to see the people, the flowers and the flying
fish!"
At last, her fifteenth birthday arrived.
"Come, let me dress you like your sisters," [2]
said her grandmother.

In the Story

★ 스토리
재미있는 스토리를 읽어요. 잘 모른다고
멈추지 마세요. 한 페이지, 또는 한 chapter를
끝까지 읽으면서 흐름을 파악하세요.

☐ turn + 나이 …살이 되다	☐ pearls 진주 목걸이
☐ surface 표면	☐ comb 빗질하다
☐ adventure 모험	☐ lily 백합 (복수형은 lilies)
☐ the most 가장 많이	☐ represent 나타내다, 상징하다
☐ arrive 오다, 도달하다	☐ royalty 왕족
☐ dress …을 꾸미다	☐ swim up 헤엄쳐 올라가다

1 would ('d) love to + 동사원형 …하고 싶다
  I'd love to see the world above the sea.
  나는 바다 위 세상을 보고 싶어.

2 let me + 동사원형 (내가) …하게 해 다오
  Come, let me dress you like your sisters.
  이리 오렴, 언니들처럼 너를 꾸미게 해 다오.

22 • The Little Mermaid

★★ 단어 및 구문 설명
어려운 단어나 문장을 마주쳤을 때,
그 뜻이 알고 싶다면 여기를 보세요.
나중에 꼭 외우는 것은 기본이죠.

★★★ 돌발 퀴즈
스토리를 잘 파악하고
있는지 궁금하면 돌발 퀴즈로
잠깐 확인해 보세요.

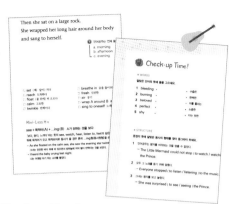

Then she sat on a large rock.
She wrapped her long hair around her body
and sang to herself.

Mini-Lesson
너무나 중요해서 그냥 지나칠 수 없는
알짜 구문은 별도로 깊이 있게 배워요.

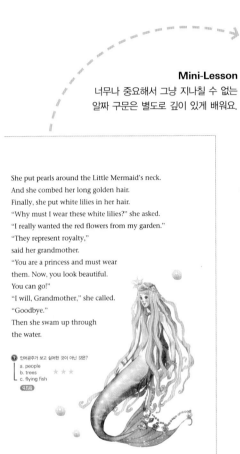

She put pearls around the Little Mermaid's neck.
And she combed her long golden hair.
Finally, she put white lilies in her hair.
"Why must I wear these white lilies?" she asked.
"I really wanted the red flowers from my garden."
"They represent royalty,"
said her grandmother.
"You are a princess and must wear
them. Now, you look beautiful.
You can go!"
"I will, Grandmother," she called.
"Goodbye."
Then she swam up through
the water.

인어공주가 보고 싶어한 것이 아닌 것은?
a. people
b. trees
c. flying fish

Chapter 1 • 23

Check-up Time!
한 chapter를 다 읽은 후 어휘, 구문,
summary까지 확실하게 다져요.

Focus on Background
작품 뒤에 숨겨져 있는 흥미로운 이야기를
읽으세요. 상식까지 풍부해집니다.

After the Story

Reading X-File 이야기 속에 등장했던
주요 구문을 재미있는 설명과 함께 다시 한번~

Listening X-File 영어 발음과 리스닝 실력을 함께
다져 주는 중요한 발음법칙을 살펴봐요.

MP3 Files
www.ybmbooksam.com에서 다운로드 하세요!

YBM Reading Library

이제 아름다운 이야기가 시작됩니다

The Little Mermaid

_ Before the Story

_ In the Story

Hans Christian Andersen (1805~1875)

한스 크리스티안 안데르센은 …

덴마크의 오덴세(Odense)에서 한 구두 수선공의 아들로 태어났다. 어린 시절 안데르센은 매우 가난했지만, 문학과 철학을 좋아했던 아버지의 영향으로 독서를 통해 상상력과 문학적 재능을 키울 수 있었다. 그는 14세에 연극배우의 꿈을 품고 코펜하겐(Copenhagen)으로 갔으나 좌절과 시련을 맛보았고, 결국 코펜하겐 대학교에 입학하여 습작 활동을 시작하였다. 1835년에 이탈리아 여행기 〈즉흥시인(The Improvisatore)〉이 호평을 받으면서 안데르센은 본격적인 작가 활동을 하게 되었고, 이어 출간한 〈동화집(Fairy Tales)〉을 통해 동화 작가로 변신하는 데 성공하였다. 그는 이후 1872년까지 총 160여 편의 동화를 발표하였는데, 대표작으로는 세계 아동 문학의 최고봉이라 불리는 「인어공주(The Little Mermaid)」, 「눈의 여왕(The Snow Queen)」, 「성냥팔이 소녀(The Little Match Girl)」, 「미운 오리 새끼(The Ugly Duckling)」 등이 있다. 서정적이고 아름다운 환상의 세계를 따스한 인간애가 녹아 있는 문학 작품으로 현실화시킨 안데르센은 오늘날에도 최고의 동화 작가라는 평가를 받고 있다.

The Little Mermaid

인어공주는 …

〈인어공주〉는 한 여인과의 이룰 수 없었던 사랑에 평생 괴로워했던 안데르센의 애틋한 마음이 녹아 있는 작품이다.

늘 바다 위 세상을 동경하던 인어공주는 15번째 생일날 바다 밖으로 나갔다가 왕자를 보고 한눈에 반하게 된다. 갑작스러운 폭풍으로 바다에 빠진 왕자를 구하지만, 정신을 잃은 왕자는 인어공주가 자신의 목숨을 구했다는 사실을 알지 못한다. 인어공주는 왕자 곁에 머물고 싶다는 일념으로 바다 마녀에게 목소리를 주고 인간이 된다. 그러나 왕자의 사랑을 얻는 데 실패하고, 왕자는 이웃나라 공주가 자신을 구해준 사람이라고 굳게 믿고 그녀와 결혼을 하고 만다. 결혼식 날 밤, 언니들이 인어공주를 찾아와 마지막 방도로 마녀에게 받은 칼을 주며 왕자를 찌르고 다시 인어가 되라고 말하지만, 인어공주는 차마 왕자를 죽이지 못하고 바다에 몸을 던진다.
사랑하는 사람을 위해 자신을 희생하는 인어공주의 숭고한 사랑 이야기는 세기를 뛰어넘어 많은 사람들에게 감동을 안겨 주고 있다.

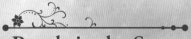

People in the Story

인어공주에 등장하는 인물들을 살펴볼까요?

Daughter of the Air

공기의 요정. 삼백 년 동안 착한
일을 하면 영혼을 가질 수 있게
된다.

Little Mermaid's Sisters

인어공주의 다섯 언니들. 왕자와
사랑에 빠져 인간 세계로 간 막내
인어공주를 끝까지 도와주려 애쓴다.

Grandmother

인어공주의 할머니. 지혜롭고 현명하여
인어족의 존경을 받고 있다. 어려서
어머니를 잃은 여섯 손녀들을 자애롭게
양육한다.

Sea Witch

바다 밑 어두운 곳에 살고 있는 마녀.
인간이 되고 싶어하는 인어공주에게
마법의 약을 주고 대신 목소리를 빼
앗는다.

Little Mermaid

아름다운 인어 공주. 열다섯 번째 생일날
바다 밖으로 나갔다가 왕자를 보고 한눈에
반한다. 바다 마녀에게 목소리를 주고 두
다리를 얻지만, 왕자의 사랑을 얻지 못하고
바다에 몸을 던진다.

Prince

인간 세상의 왕자. 인어공주의 도움
으로 생명을 구하지만 그녀가 자신
을 구해주었다는 사실을 알지 못한
채, 이웃나라 공주와 결혼한다.

Princess

왕자가 생명의 은인이라고 생각
하는 공주. 해안에 쓰러져 있는
왕자를 발견하고 도움을 준 후
그와 결혼하게 된다.

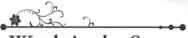

Words in the Story

인어공주에 나오는 바다 세계와 인간 세계의
단어들을 살펴 봐요.

sing to oneself
노래를 흥얼거리다

golden hair
금빛 머리카락

blue eyes
파란 눈

beautiful voice
아름다운 목소리

prettiest
가장 예쁜

magic potion
마법의 약

above the sea
바다 위

fall in love
사랑에 빠지다

mermaid
인어

under the sea
바다 밑

long tail
긴 꼬리

sea flowers
바다 꽃들

shell
조가비

swim
헤엄치다

sea princesses
바다 공주들

coral
산호

palace
궁궐

sea plants
해초들

fish
물고기

white sands
백사장

a Beautiful Invitation
– YBM Reading Library

The Little Mermaid

Hans Christian Andersen

The Little Mermaid

인어공주

Far out in the ocean, the water is blue and clear.

White sands cover the bottom of the sea.

Wonderful trees and flowers of all colors grow under
the water.

And fish, large and small, swim among the branches.

□ **mermaid** 인어
□ **far out** 저 멀리
□ **ocean** 바다, 대양
□ **white sands** 백사장
□ **bottom** 바닥
□ **palace** 궁전, 궁궐

□ **be made of** ⋯로 만들어지다
□ **coral** 산호
□ **be covered with** ⋯로 덮여 있다
□ **shell** 조가비
□ **take care of** ⋯을 돌보다
□ **granddaughter** 손녀

Once upon a time, there was a beautiful palace
in the deep ocean.
The walls were made of coral and the roof was
covered with shells.
A Sea King and his six beautiful daughters lived
there.
His wife had died many years ago, so his old mother
took care of them. She loved her six granddaughters,
the little sea princesses.

The sea princesses were pretty girls, but the youngest
was the prettiest. She had long golden hair.
Her eyes were blue like the sea.
And her voice was the most beautiful of all the sea
folk. [1]
But, like her sisters, she had a long fish tail.
Therefore they were known as mermaids. [2]

☐ golden 금빛의
☐ sea folk 바다 밑 사람들, 인어 족
☐ therefore 그래서
☐ grow out of …에서 자라나다

☐ shipwreck 난파선
☐ collect 모으다
☐ statue 조각상
☐ item 물건, 품목

Every day, the sea princesses played in the palace.
Beautiful sea flowers grew out of its walls.
Fish swam through the windows to play with them.
Sometimes the princesses swam to the shipwrecks
on the ocean floor. They collected gold coins, statues
and other pretty items.

1 **the + 형용사의 최상급(A) + of all + 명사(B)**
B중에서 가장 A한
And her voice was the most beautiful
of all the sea folk.
그리고 그녀의 목소리는 모든 바다 밑 사람들
중에서 가장 아름다웠다.

2 **be known as** …로 알려지다
Therefore they were
known as mermaids.
그래서 그들은 인어로
알려졌다.

One day, the Little Mermaid
found a white stone figure of
a handsome boy on the seabed.
She took it to her grandmother.
"It is just like the people on the [1]
land," said her grandmother.
"Really?" said the Little
Mermaid.
"They must be beautiful!
I want to see them!"
She placed the stone figure in the middle of her
garden.
She planted pretty flowers around it.

□ stone figure 석상
□ seabed 해저
□ must be 틀림없이 …일 것이다
□ place 놓다(두다)
□ in the middle of …의 가운데에
□ plant 심다

□ curious 호기심 많은
□ perfumed 향기 나는
□ look up through
    …를 통해 올려다 보다
□ in the moonlight 달빛을 받으며
□ sail 항해하다

1 **just like** 꼭 …같은(닮은)
It is just like the people on the land.
그것은 꼭 땅 위 인간 같구나.

2 **called + 이름** …라고 불리는
She also liked the stories about the flying fish called Birds.
그녀는 또한 새라고 불리는 날아다니는 물고기 이야기를 좋아했다.

The Little Mermaid loved to hear the stories about
the world above the sea. She was a curious girl.
Her old grandmother told her about the people,
the ships and the cities.
But, most of all, she liked the stories about the
perfumed* flowers. She also liked the stories about
the flying fish called Birds. [2]

'향수'라는 뜻의 perfume은 라틴어의 per(…을 통해서)와
fumus(연기)가 합쳐져 생긴 말이에요.
'연기처럼 공중에 퍼지는 향기', 향수의 어원이랍니다.

She often looked up through the dark water.
Sometimes she could just see the moon and stars.
"I want to see all these wonderful things," she said.
"When you are fifteen, you can go," said her
grandmother.
"Then you can sit on the rocks in the moonlight
and watch the ships sailing by."

When each sister turned fifteen, they swam to the surface of the water.

Then they returned to tell the others about their adventures.

The youngest sister always loved to hear their stories the most.

"Oh, I want to be fifteen!" she said.

"I'd love to see the world above the sea. [1]

I'd love to see the people, the flowers and the flying fish!"

At last, her fifteenth birthday arrived.

"Come, let me dress you like your sisters," [2] said her grandmother.

□ **turn + 나이** …살이 되다
□ **surface** 표면
□ **adventure** 모험
□ **the most** 가장 많이
□ **arrive** 오다, 도달하다
□ **dress** …을 꾸미다

□ **pearls** 진주 목걸이
□ **comb** 빗질하다
□ **lily** 백합 (복수형은 lilies)
□ **represent** 나타내다, 상징하다
□ **royalty** 왕족
□ **swim up** 헤엄쳐 올라가다

[1] **would('d) love to + 동사원형** …하고 싶다
I'd love to see the world above the sea.
나는 바다 위 세상을 보고 싶어.

[2] **let me + 동사원형** (내가) …하게 해 다오
Come, let me dress you like your sisters.
이리 오렴, 언니들처럼 너를 꾸미게 해 다오.

She put pearls around the Little Mermaid's neck.

And she combed her long golden hair.

Finally, she put white lilies in her hair.

"Why must I wear these white lilies?" she asked.

"I really wanted the red flowers from my garden."

"They represent royalty,"

said her grandmother.

"You are a princess and must wear

them. Now, you look beautiful.

You can go!"

"I will, Grandmother," she called.

"Goodbye."

Then she swam up through

the water.

? 인어공주가 보고 싶어한 것이 아닌 것은?

a. people
b. trees
c. flying fish

정답 q

The sun was setting when the Little Mermaid reached
the surface of the water.

As she floated on the calm sea,

she saw the evening star twinkling in the night sky. ☀

She breathed in the cool, fresh air.

Then she sat on a large rock.

She wrapped her long hair around her body

and sang to herself.

❓ 인어공주는 언제 물 위로 나왔나요?
a. morning
b. afternoon
c. evening

응답 ㄱ

□ set (해·달이) 지다
□ reach 도착하다
□ float (물 위에) 떠 오르다
□ calm 고요한
□ twinkle 반짝이다

□ breathe in 숨을 들이쉬다
□ fresh 신선한
□ air 공기
□ wrap A around B A로 B를 (감)싸다
□ sing to oneself 노래를 혼자 흥얼거리다

Mini-Less☀n

see + 목적어(A) + ...ing(B) A가 B하는 것을 보다

'보다, 듣다, 느끼다' 라는 뜻의 see, watch, hear, listen to, feel과 같은 지각동사는
뒤에 목적어가 오고 목적보어로 동사가 올 경우 흔히 ...ing형(동사원형)을 씁니다.

• As she floated on the calm sea, she saw the evening star twinkling in the night sky.
  그녀는 잔잔한 바다 위에 떠 있으면서 밤하늘에 저녁 별이 반짝이는 것을 보았다.

• I heard the baby crying last night.
  나는 어젯밤 아기 우는 소리를 들었다.

Check-up Time!

● **WORDS**

다음의 단어에 해당되는 뜻을 찾아 연결하세요.

1 ocean •   • 왕족

2 statue •   • 백합

3 mermaid •   • 조각상

4 lily •   • 바다

5 royalty •   • 인어

● **STRUCTURE**

빈 칸에 알맞은 단어에 체크하세요.

1 My mother saw him _____ to the bakery.

☐ went   ☐ going

2 Jane is the _____ of all my friends.

☐ pretty   ☐ prettiest

3 He is known _____ a rich man.

☐ as   ☐ in

4 Let me _____ myself to you.

☐ to introduce   ☐ introduce

본문의 내용과 일치하면 T, 일치하지 않으면 F에 표시하세요.

1 The sea palace was made of coral and shells.　T　F

2 Pearls represent royalty.　T　F

3 The Little Mermaid found a white stone girl statue.　T　F

4 The Little Mermaid liked to hear the stories about the land.　T　F

● SUMMARY

빈 칸에 알맞은 말을 보기에서 골라 넣어 이야기를 완성하세요.

Far out in the ocean, there was a (　　). The Sea King and his six daughters lived there. The sea princesses were beautiful, but the (　　) was the most beautiful. The Little Mermaid always wanted to see the (　　) above the sea. At (　　), she finally could go above the water.

a. fifteen　　b. youngest　　c. world　　d. palace

CHAPTER 2

The Handsome Prince

멋진 왕자님

After a while, the Little Mermaid saw a ship sailing toward her.

The sailors dropped anchor.[*]

anchor는 '무언가 구부러진 것'을
나타내는 말에서 유래되었어요.

And the ship moved gently on the calm sea.

Many colored lanterns were lighted on the deck.

"Oh, how wonderful the ship looks," she thought.

"Its colored lights are so pretty!"

Then the Little Mermaid heard music coming from the ship. ¹

She swam to the ship.

□ after a while 얼마 후
□ drop 떨어뜨리다
□ anchor 닻
□ gently 부드럽게
□ colored 채색되어 있는
□ lantern 랜턴, 배의 등불

□ on the deck 갑판 위에
□ well-dressed 좋은 옷을 입은
□ dark 검은, 어두운
□ take one's breath away
　…을 깜짝 놀라게 하다
□ whisper 속삭이다

Then she saw many well-dressed people on the deck.

They all looked very excited.

Among them, there was a handsome young man.

He was a Prince and he was having a birthday party.

His big, dark eyes took her breath away. He reminded

her of the stone figure of a boy in her garden. [2]

"He is very handsome," she whispered.

"I think I already love him!"

---

1 **hear + 목적어(A) + ...ing(B)** A가 B하는 것을 듣다
  Then the Little Mermaid heard music coming from the ship.
  그리고 나서 인어공주는 음악이 배 안에서 흘러나오는 것을 들었다.

2 **remind A of B** A에게 B를 떠올리게(연상하게) 하다
  He reminded her of the stone figure of a boy in her garden.
  그는 그녀에게 자신의 정원에 있는 소년 석상을 떠올리게 했다.

All of a sudden, hundreds of fireworks flew through the air. "Pop! Pop!"

Everyone onboard the ship shouted for joy!

The Little Mermaid was frightened by the noise.

So she dived under the water.

But she soon popped up again and swam back to the ship.

The Little Mermaid kept watching the Prince.

She could not take her eyes off him.

"Oh, how lovely he is!" she exclaimed. ☀

"I really want to speak to him."

She looked sadly at her long fish tail.

"But I cannot walk on the land. I have no legs!"

☐ all of a sudden 갑자기
☐ hundreds of 수백 개의
☐ firework 폭죽
☐ fly (불꽃 등이) 뛰어오르다, 날아가다
　(fly-flew-flown)
☐ pop 뻥하고 터지다
☐ onboard 배를 타고 있는

☐ shout for joy 환호하다
☐ be frightened by …에 깜짝 놀라다
☐ dive (물 속으로) 뛰어들다
☐ pop up 불쑥 뛰어오르다
☐ keep ...ing 계속 …하다
☐ take one's eyes off …에서 시선을 떼다
☐ exclaim 감탄하다

Mini-Less☀n

감탄문: how + 형용사(+ 주어 + 동사)!

'정말 …하구나!' 라고 감탄하는 말을 할 때는 how 다음에 형용사를 쓰세요.
감탄의 대상이 되는 주어와 동사는 쓸 수도, 생략할 수도 있다는 점, 함께 알아두세요.

• Oh, how lovely he is! 아, 그는 얼마나 멋진 남자인가!
• How terrible the weather is! 얼마나 끔찍한 날씨인가!

Suddenly, there was a rumble deep down in the ocean.

"Look out! Beware of the sea!" screamed the Little Mermaid. But the sailors couldn't hear her.

The ship was tossed about on the angry sea. [1]

Huge waves broke over its sides.

"A storm!" shouted the sailors. "Help! Help me!"

The broken masts and sails fell onto the deck.

Some of the sailors fell into the sea.

Then the Little Mermaid saw the young Prince also fall into the sea.

□ rumble 우르릉거리는 소리
□ look out 주의하다
□ beware of …을 조심하다
□ scream 소리지르다
□ break over (파도가) …위를 덮치다
□ mast and sail 돛대와 돛
□ sink 가라앉다 (sink-sank-sunk)
□ rescue 구하다
□ carry A to B A를 B로 운반하다
□ pull A onto B A를 B로 끌어올리다

Finally the ship sank to the bottom of the ocean.

She swam to rescue the Prince.

His eyes were closed when she found him.

"Don't die, my love," she whispered.

"Don't die! I will save you."

She held his head above the water. [2]

The waves carry them to the shore.

When the sun rose, the storm stopped.

The Little Mermaid pulled the Prince onto the beach.

"He's still breathing! He is alive!" she said.

be tossed about (배가) 이리저리 심하게 흔들리다
The ship was tossed about on the angry sea.
배는 성난 바다 위에서 심하게 흔들렸다.

[2] **hold + 목적어(A) + above B** A를 B 위로 들다
She held his head above the water.
그녀는 그의 머리를 물 위로 들었다.

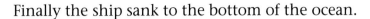

Soon a group of young women came down to the
beach.

The Little Mermaid was frightened and swam away.

She hid in the water behind some tall rocks.

She waited to see who would find the Prince. [1]

One of the young women found him.

She called to her friends.

"Come quickly! There's a young man here!"

Then the Prince opened his eyes.

He saw the young woman's face.

"Thank you ... for saving my life," he whispered to her.

The Little Mermaid watched the Prince wake up.

He did not know that she had saved him. [2]

She swam slowly back to the sea.

She felt very sad.

When the Little Mermaid arrived back home,

her worried sisters came to meet her.

"Why are you so late?"

"We thought you were lost in the terrible storm!"

"What happened to you above the water?"

But she remained silent.

She stayed in her room for days.

She didn't eat. She didn't talk to anyone.

She knew that her love for the Prince was hopeless.

He would never marry a mermaid!

1 **see who + 동사** 누가 … 하는지 보다
She waited to see who would find the Prince.
그녀는 누가 왕자를 발견하는지 보기 위해 기다렸다.

2 **had + 과거분사** …했었다 (과거보다 더 이전에 일어난 일을 표현)
He did not know that she had saved him.
그는 그녀가 자신을 구했었다는 것을 알지 못했다.

□ a group of 한 무리의
□ hide 숨다 (hide-hid-hid(hidden))
□ quickly 빨리, 즉시
□ thank you for ...ing …한 것에 감사하다
□ worried 걱정된
□ be lost 길을 잃다
□ terrible 끔찍한
□ remain silent 계속 침묵하다
□ stay 머무르다
□ for days 여러 날 동안
□ hopeless 희망 없는
□ marry …와 결혼하다

Finally she couldn't keep her secret any longer. [1]

So she told her sisters the story.

"I fell in love ...," she cried.

"Come, little sister!" said one sister.

"You must forget him.

You and he can never be together!"

But the sisters felt sorry for her.

One of their friends knew where the Prince lived.

So she took the Little Mermaid to see his castle.

The Little Mermaid was very happy.

☐ keep one's secret …의 비밀을 지키다
☐ fall in love 사랑에 빠지다
☐ forget 잊다
☐ feel sorry for …을 가엾게 생각하다
☐ castle 성

☐ take a walk 산책하다
☐ along the shore 해안을 따라
☐ more and more 점점 더
☐ long to + 동사원형
　 간절히 …하기를 바라다

1 **not ... any longer** 더 이상 …않다
   Finally she couldn't keep her secret any longer.
   결국 그녀는 비밀을 더 이상 지키지 못했다.

Mini-Less☀n

See p.80

go ...ing: …하러 가다

'…하러 가다' 는 표현을 하고 싶을 때는 go 뒤에 동사의 ...ing형을 쓰면 된답니다.

• Sometimes, she saw him go sailing with his friends.
  가끔 그녀는 그가 친구들과 함께 항해하러 가는 것을 보았다.

• I often go swimming with my sister. 나는 종종 언니와 함께 수영을 하러 간다.

After that, she swam near the castle every night.

And, in the moonlight, she watched the Prince.

Sometimes, she saw him go sailing with his friends.

And some nights, she saw him taking a
walk with his family along the shore.

She liked the people on the land
more and more.

And she longed to live with them.

Check-up Time!

● **WORDS**

빈 칸에 알맞은 단어를 보기에서 골라 써 넣어 문장을 완성하세요.

| colored   lost   dark   terrible   worried |

1 Those _____ lanterns look so pretty.

2 My _____ parents waited for me all day.

3 The girl was _____ in the storm.

4 Amy has _____, beautiful eyes.

5 The rain was _____ that night.

● **STRUCTURE**

괄호 안의 두 단어 중 알맞은 것에 동그라미 하세요.

1 The Prince went (sailing / sail) with his friends.

2 Oh, (how / what) lovely the princess is!

3 His face reminded me (of / to) my grandfather.

4 Alice told me that she (finished / had finished) her homework earlier.

본문의 내용과 일치하면 True, 일치하지 않으면 False에 표시하세요.

1 The Little Mermaid saw a nice ship on the sea.

☐ True ☐ False

2 The Prince thanked the Little Mermaid for saving him.

☐ True ☐ False

3 The Little Mermaid's sisters felt sorry for her.

☐ True ☐ False

4 The Prince sometimes went hunting with his friends.

☐ True ☐ False

● SUMMARY

빈 칸에 맞는 말을 골라 이야기를 완성하세요.

While she was above the sea, the Little Mermaid saw a
(   ) Prince in the ship. The Little Mermaid (   ) in
love with him at first sight. But a huge (   ) came and
she saved the Prince. Later, she found where the Prince
lived and swam to his (   ) every night.

---

a. storm   b. castle   c. fell   d. handsome

The Magic Potion

마법의 약

The Little Mermaid became more and more curious.

She asked her grandmother about the people.

"If men aren't drowned," said the Little Mermaid,

"do they live forever?"

"They die," said the old lady,

"and they live even shorter than us. [1]

We can live for three hundred years.

Then our bodies turn into sea foam. [2]

But people have a soul.

They die, but their souls live forever."

"Why don't we have a soul?"

asked the Little Mermaid, sadly.

"I want to be a real person. They have a soul!"

"You must not think like that," said her

grandmother. "We are happier than the people!"

The Little Mermaid really wanted to have a soul.

"Can I get a soul?" she asked her grandmother.

□ magic potion 마법의 약
□ be drowned 익사하다
□ forever 영원히
□ die 죽다

□ sea foam 바다 거품
□ soul 영혼
□ person 사람 (한 명)
□ must not …해서는 안 된다

1 **even + 비교급** 훨씬 더 …한 (비교급 강조)
And they live even shorter than us.
그리고 그들은 우리보다 훨씬 더 짧게 살지.

2 **A turn into B** A가 B로 변하다
Then our bodies turn into sea foam.
그리고 우리 몸은 바다 거품으로 변한단다.

"Only if a man loves you more than anything else," [1]
said her grandmother.
"But that will never happen!
Your fish tail is very beautiful in the sea.
But on land, it will look ugly."
The Little Mermaid looked sadly at her fish tail.
"Come, let's be happy!" said the old lady.
"We are holding a ball this evening.
Let's sing and dance tonight. It will cheer you up!"

□ **anything else** 다른 어떤 것
□ **happen** 발생하다
□ **ugly** 못생긴, 흉한
□ **hold** 열다, 개최하다
□ **ball** 무도회
□ **cheer ... up** …의 기운이 나게 하다

That night, the Little Mermaid sang sweeter than anyone else.

1 **only if** 단지 …하는 경우에만
Only if a man loves you more than anything else.
단지 남자가 너를 다른 무엇보다도 사랑하는 경우에만.

For a moment, she was happy.

But she soon began to think about the handsome Prince.

"I'll visit the Sea Witch," she thought.

"Perhaps she will help me!"

So she swam to the Witch's home.

It was located in the deepest part of the dark sea.

She swam for a long time.

Finally, the Little Mermaid reached the Witch's house.

The house was built from the bones of shipwrecked men. It looked very scary and smelled terrible. ☀

"Oh, I am scared," she thought.

"But I have to do it."

□ for a moment 잠시 동안
□ begin to + 동사원형 …하기 시작하다
□ sea witch 바다 마녀
□ perhaps 아마도
□ be located in …에 위치해 있다

□ for a long time 오랫동안
□ be built from …으로 짓다
□ bone 뼈
□ shipwrecked 난파한
□ scary 으스스한

Mini-Less☀n

See p.81

감각 동사＋형용사

look, smell, taste, sound 등 감각을 나타내는 동사 뒤에 형용사가 오면 '…하게 보이다, …한 냄새가 나다, …한 맛이 나다, …한 소리가 나다' 라는 뜻으로 해석해 주면 좋아요.
• It looked very scary and smelled terrible. 그것은 매우 무섭게 보이고 끔찍한 냄새가 났다.
• The food tastes wonderful! 이 음식은 훌륭한 맛이 난다!

The Witch was waiting for her.

"I know why you came,"
she said.

"You love a man and you
want two legs.

What a foolish girl! [1]

The Prince will never marry
you!"

"Please, help me," begged the
Little Mermaid.

"Okay, here is a magic potion," said the Witch.

"You must swim to the shore before sunrise.

Then sit on the beach and drink it.

Your tail will divide into two legs.

But listen! It will be very painful!"

 magic potion이 가져다 주지 않는 것은?
a. two legs
b. good taste
c. great pain

---

1 **What a + 형용사(A) + 명사(B)** 얼마나 A한 B인가! (감탄문)
What a foolish girl! 얼마나 어리석은 소녀인가!

2 **in a trembling voice** 떨리는 목소리로
"I will do anything for my love," said the Little Mermaid in a
trembling voice. "나는 내 사랑을 위해 어떤 것이든 하겠어요."라고 인어공주는
떨리는 목소리로 말했다.

"I will do anything for my love,"
said the Little Mermaid in a trembling voice. [2]
"Remember!" said the Witch.
"If you do this, you will never be a mermaid again. ☀
You will never go back home.
If the Prince marries someone else,
you will turn into sea
foam!" ☀
"I love the Prince so much,"
cried the Little Mermaid.
"I must do this!"

□ wait for …을 기다리다
□ foolish 어리석은
□ beg 애원하다
□ sunrise 일출

□ divide into …로 나누어지다
□ painful 고통스러운
□ remember 기억하다
□ go back 되돌아가다

Mini-Less☀n

조건문: 만약 …하다면 ～할 것이다

「If + 주어 + 현재형 동사, 주어 + will / may / can + 동사원형」, 조건문의 구조랍니다.

• If you do this, you will never be a mermaid again.
  만약 그렇게 한다면, 너는 다시는 인어가 될 수 없을 거야.

• If the Prince marries someone else, you will turn into sea foam!
  만약 왕자가 다른 사람과 결혼하면, 너는 바다 거품이 될 거야!

"Now, I will take your beautiful voice as payment," [1]
said the Witch.
"But without my voice," said the Little Mermaid,
"how can I speak to him?"
"Speak with your beautiful eyes!" yelled the Witch.
"Now I will take your sweet voice!"
Then the Witch gave a loud laugh and took away
the Little Mermaid's voice.

❓ 마녀가 인어공주에게 바란 것은?
a. 아름다운 눈
b. 고운 목소리
c. 긴 꼬리

The Little Mermaid quickly returned home.

Everybody was sleeping in the quiet palace.

She wanted to say goodbye to her family.[★]

family의 어원은 하인과 노예를
뜻하는 라틴어 famulus인데요,
시간의 흐름과 함께 그 뜻도 변해
'혈연으로 맺어진 관계'를 뜻하는
말이 되었답니다.

But she couldn't say even one word.

Then, she went into her lovely garden.

She felt very sad to leave everything. ²

But, she loved the Prince the most.

Finally, the Little Mermaid swam to the shore.

She sat on the beach and drank the magic potion.

Suddenly, she felt a sharp pain in her body!

She fainted and lay on the sand.

□ without …이 없다면
□ speak to …에게 말하다
□ yell 큰소리를 지르다
□ give a loud laugh
　큰 소리로 웃다, 크게 웃음 소리를 내다
□ take away 빼앗다, 가져가다

□ quiet 조용한
□ say goodbye to
　…에게 작별 인사를 하다
□ even …조차도
□ faint 기절하다
□ lie 눕다 (lie-lay-lain)

1　**as payment** 대가로
　Now, I will take your beautiful voice as payment.
　이제 대가로 네 아름다운 목소리를 가져가겠다.

2　**feel sad to + 동사원형** …하게 되어 슬프다
　She felt very sad to leave everything.
　그녀는 모든 것을 두고 떠나게 되어 매우 슬펐다.

Check-up Time!

● **WORDS**

퍼즐의 빈 칸에 들어갈 알맞은 낱말을 쓰세요.

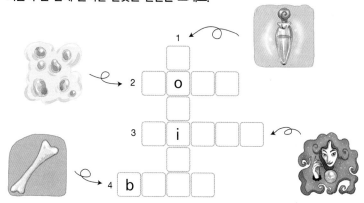

● **STRUCTURE**

주어진 동사를 빈칸에 알맞게 쓰세요.

1 If you _____ this magic potion, you will feel a great pain. (drink)

2 If it is snowy, I will _____ skiing tomorrow. (go)

3 If he _____ home, I _____ _____ him the truth. (come, tell)

사건이 일어난 순서대로 번호를 쓰세요.

a. The Sea Witch helped the Little Mermaid have two legs.

b. The Little Mermaid asked her grandmother about people.

c. The Little Mermaid visited the Sea Witch.

d. The Little Mermaid left her home and reached the shore.

(   ) → (   ) → (   ) → (   )

● SUMMARY

빈 칸에 알맞은 말을 보기에서 골라 이야기를 완성하세요.

> The Little Mermaid loved the Prince and wanted to be a (   ). She asked the Sea (   ) for the help and received the (   ) potion. But she gave her sweet (   ) to the Witch. Then she swam to the shore and drank the potion.

a. person   c. voice

b. magic   d. Witch

바·다·요·정·이·야·기

Stories of Water Spirits

Siren (Greece)

The Sirens were three dangerous sea nymphs in Greek mythology. Sometimes they are described as half woman and half bird.
Other stories say they looked like mermaids. Their home was an island that was surrounded by cliffs and rocks. Passing ships were drawn to the island by the Sirens' beautiful voices. Many sailors drowned when their ships were wrecked on the rocky coastline.

Lorelei (Germany)

The Lorelei Rock rises 120 meters above the River Rhine, in Germany. The story of how it got its name is one of the most famous legends in German folklore.

Lorelei was a beautiful young maiden. Her lover was unfaithful, so she jumped from the steep rock into the river. She became a beautiful water spirit with the tail of a fish. Everyday, she sat on the same rock and brushed her beautiful long hair. When she sang, sailors were lured to their deaths by her hypnotic voice. It is said that the echoing voice, still heard today, is Lorelei.

사이렌 (그리스) 사이렌은 그리스 신화에 나오는 세 명의 위험한 바다 님프들이었어요. 몸의 반은 여자이고 반은 새의 모습을 한 것으로 묘사되기도 합니다. 다른 이야기에서는 인어의 모습이었다고도 하지요. 그들의 집은 절벽과 바위로 둘러싸인 섬이었어요. 지나가던 배들은 사이렌의 아름다운 노랫소리에 이끌려 섬으로 다가왔어요. 그러다가 배가 바위로 가득한 해안에 부딪쳐 난파됐고 많은 선원들이 물에 빠져 죽었지요.

로렐라이 (독일) 로렐라이 바위는 독일의 라인 강 위로 120미터 솟은 바위에요. 이 바위의 이름은 독일 민담으로 전해 내려오는 아주 유명한 전설에서 비롯되었답니다.

로렐라이는 아름다운 처녀였어요. 애인이 배신하자 그녀는 가파른 바위에서 강으로 뛰어내려 죽고 말았지요. 그녀는 물고기의 꼬리를 가진 아름다운 물의 요정으로 변했어요. 매일 그녀는 같은 바위 위에 앉아 아름다운 긴 머리를 빗었지요. 로렐라이가 노래하면, 선원들은 그녀의 목소리에 최면이 걸리듯 이끌려 죽음을 맞게 되었지요. 오늘날에도 들리는 그 메아리는 로렐라이의 노랫소리라고 전해진답니다.

A Life on the Land

지상의 삶

Some time later, she woke up.

She was surprised to see her beloved Prince. [1]

He was gazing at her with his big, dark eyes.

She looked down★ at her body.

Her tail was gone! [2]

And she had two perfect legs instead.

"Who are you?" he said.

But she could not speak.

down은 고대 영어의 '언덕에서부터'라는
뜻에서 유래되었어요. 따라서 '아래쪽으로'라는
뜻이 되었지요.

□ some time later 얼마 후
□ beloved 소중한
□ gaze at …을 바라보다, 응시하다
□ look down at …을 내려다 보다
□ perfect 완벽한

□ instead 대신에
□ sweet 예쁜, 귀여운
□ shy 수줍은
□ nothing 아무 것도 … 없음
□ pick ... up …을 들어올리다

1 **be surprised to + 동사원형** …하고는 놀라다
She was surprised to see her beloved Prince.
그녀는 소중한 왕자님을 보고는 놀랐다.

2 **be gone** 사라지다
Her tail was gone! 그녀의 꼬리는 사라졌다!

Her beautiful blue eyes looked at him.

"Can't you speak, sweet girl?" said the Prince.

"Or, are you just shy?"

Again she said nothing.

Then he picked her up in his arms and carried her
to his castle.

The Little Mermaid was given nice silk dresses to wear.

Everyone was surprised at her beauty.

She was the loveliest young girl in the castle.

"She is so beautiful," thought the Prince.

"I like her very much."

Each evening in the castle, beautiful girls sang and danced for the Prince and his parents.

"Oh," she thought, "I want to sing for him!

Then he will love me like I love him!" [1]

But sadly, the Little Mermaid could not sing.

Instead, she rose up on the tips of her toes and danced across the floor.

□ be surprised at …에 놀라다
□ beauty 아름다움, 미모
□ each evening 매일 저녁
□ parents 부모
□ rise up 일어나다 (rise-rose-risen)

□ on the tips of one's toes
 …의 발끝으로
□ across …을 가로질러
□ be amazed at …에 감탄하다
□ elegance 우아함

[1] like …처럼
 Then he will love me like I love him!
 그러면 내가 왕자님을 사랑하는 것처럼 왕자님은 나를 사랑하게 될 텐데!

[2] had ever + 과거분사 (과거 시점까지) …했던 적이 있다
 No one had ever danced so well.
 아무도 그때까지 그렇게 춤을 잘 췄던 적이 없었다.

Everyone stopped to watch her. ☀

No one had ever danced so well. ²

They were amazed at her beauty and elegance.

The Prince could not stop watching her. ☀

Mini-Less☀n

stop to + 동사원형 / ...ing

stop 뒤에 to + 동사원형이 오면 '…하기 위해 멈추다'라는 뜻이 되고, stop 뒤에
...ing형이 오면 '…하는 것을 멈추다'라는 뜻이 되니 주의하세요.

• Everyone stopped to watch her. 모두 그녀를 보기 위해 멈췄다.
• The Prince could not stop watching her. 왕자는 그녀를 쳐다보는 것을 멈출 수가 없었다.

Since then, the Little Mermaid went everywhere with the Prince.

They went riding and hunting together.

Sometimes, they climbed the mountains.

Her poor feet were always very painful and bleeding.

But she did not mention it.

She was so happy with her beloved Prince!

Some nights, she went to cool her burning feet in the sea.

The fresh sea reminded her of her home.

She thought of her palace, her family and her garden. [1]

She missed them a lot.

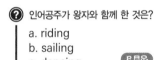

❓ 인어공주가 왕자와 함께 한 것은?
a. riding
b. sailing
c. dancing

정답 e

---

1 **think of** ···을 생각하다
She thought of her palace, her family and her garden.
그녀는 그녀의 궁궐, 가족들, 그리고 정원을 생각했다.

□ since then 그 후부터
□ everywhere 어디에나
□ ride (말·탈 것을) 타다
□ hunt 사냥하다
□ climb the mountain 등산하다
□ poor 가엾은

□ bleeding 피를 흘리는
□ mention 언급하다
□ cool 식히다, 차게 하다
□ burning 타는 듯한, 화끈거리는
□ miss 그리워하다
□ a lot 많이

One night, she saw something moving in the waves.
It was her sisters! They noticed the Little Mermaid
and swam to her side.

"Little sister! You are not dead!" they cried.

"I missed you!" she called,
but she couldn't make a sound.

"Come home, little one!" said one sister.

"Everyone is unhappy without you!"

"But I love the Prince.
I can't leave him," she wanted to say.

Her sisters waved goodbye and dived beneath the
waves. [1]

She was alone again.

□ move 움직이다
□ notice 알아채다
□ to one's side …의 쪽으로

□ dead 죽은
□ make a sound 소리가 나다
□ beneath …의 바로 밑에

1 **wave goodbye** 손을 흔들어 작별하다
Her sisters waved goodbye and dived beneath the waves.
그녀의 언니들은 손을 흔들어 작별하고 파도 밑으로 사라졌다.

The Little Mermaid knew the Prince loved her
like a sister.

He did not think of marrying her.

This made her very sad. [1]

☐ dear 소중한
☐ look like …와 닮다
☐ save A from B A를 B에서 구하다

☐ choose 선택하다
☐ bride 신부
☐ someday 언젠가

1 **make + 목적어(A) + 형용사(B)** A를 B하게 만들다
   This made her very sad. 이것은 그녀를 매우 슬프게 만들었다.

2 **would rather** 차라리 …하고 싶다(하는 것이 낫다)
   I would rather choose you as my bride!
   나는 차라리 너를 내 신부로 택하겠어!

"Do you love me?" her eyes always asked him.

"You are very dear to me," said the Prince.

"You look so much like the young girl.

She saved me from the storm.

I only love her."

"But I saved your life," thought the Little Mermaid,

sadly.

"My parents want me to marry a Princess,"

he told her.

"I must go and meet her tomorrow.

But I don't want to marry her.

I would rather choose you as my bride!" [2] ☀

This made the Little Mermaid very happy!

"Oh, someday he will marry me," she thought.

"Tomorrow we will sail together to meet the

Princess," he said.

Mini-Less ☀ n

See p.82

자격을 나타내는 as : …로(서)

as는 이유, 때 등을 나타낼 뿐 아니라 자격을 나타내기도 한답니다.

- I would rather choose you as my bride! 나는 차라리 너를 내 신부로 택하겠어!
- We use this box as a table. 우리는 이 상자를 식탁으로 사용한다.

Check-up Time!

● WORDS

알맞은 단어의 뜻에 줄을 그으세요.

1 bleeding ·   · 수줍은

2 burning ·   · 완벽한

3 beloved ·   · 피를 흘리는

4 perfect ·   · 소중한

5 shy ·   · 타는 듯한

● STRUCTURE

문장의 뜻에 알맞은 동사의 형태를 찾아 동그라미 하세요.

1 인어공주는 왕자를 바라보는 것을 멈출 수 없었다.

  → The Little Mermaid could not stop (to watch / watching) the Prince.

2 모두 그 노래를 듣기 위해 멈췄다.

  → Everyone stopped (to listen / listening) to the music.

3 그녀는 왕자를 보고 놀랐다.

  → She was surprised (to see / seeing) the Prince.

다음 문장의 뒷부분으로 알맞은 것을 찾아 빈칸에 기호를 쓰세요.

1 Everyone was surprised _____.

2 The Little Mermaid went _____.

3 You look so much _____.

4 I would rather choose you _____.

---

a. everywhere with the Prince   c. like the young girl

b. as my bride   d. at the Little Mermaid's beauty

● SUMMARY

빈 칸에 알맞은 말을 보기에서 골라 이야기를 완성하세요.

The Little Mermaid had two (   ) and lived in the Prince's palace. She was very happy to be with him. But the Prince (   ) the other woman. He did not know that the Little Mermaid had (   ) his life. So she was very (   ).

---

a. legs   c. loved

b. sad   d. saved

The Daughter of the Air

공기의 요정

□ the following day 그 다음 날
□ harbor 항구
□ sound 울리다, 소리가 나다
□ greet 환영하다
□ appear 나타나다
□ instantly 즉각

□ recognize 알아보다
□ hold A in B's arm
   A를 B의 팔에 안다
□ true love 진정한 사랑
□ celebrate 축하하다
□ heartbroken 마음이 찢어지는

The following day, the Prince's ship sailed into harbor.

All the church bells rang and trumpets sounded

as they left the ship. ☀

Many people came to greet them.

The Little Mermaid was curious to meet the Princess.

"What does the Princess look like?" she wondered. [1]

At last, the beautiful Princess appeared.

The Prince instantly recognized her.

"Oh, it was you!" he cried, "you saved my life!"

He held her in his arms and kissed her.

"I am so glad now!" he told the Little Mermaid.

"I have found my true love.

Let us celebrate!"

The Little Mermaid smiled at him, but she was

heartbroken!

---

[1] **What do(es) + 주어 + look like?** …는 어떻게 생겼을까?
What does the Princess look like? 공주는 어떻게 생겼을까?

Mini-Less☀n

시간을 나타내는 as : …할 때, …하면서

63쪽의 as가 '…로(서)'라는 뜻으로 자격을 나타냈던 것에 반해, 여기서는 as가
시간, 때를 나타내어 '…할 때, …하면서'라는 뜻을 가진답니다.

• All the church bells rang and trumpets sounded as they left the ship.
  그들이 배에서 내렸을 때, 모든 교회 종이 쳤고 트럼펫이 울렸다.

The next day, a splendid wedding was held for the
Prince and the Princess. They looked very happy.
But the Little Mermaid was very miserable.
She knew that this was her last day before she died.
That evening, they all went aboard the ship.
The sea was calm and the night was clear.
A light wind filled the sails as they left harbor.
The sailors lit the lanterns on the deck.
Then everyone celebrated the marriage of the Prince
and his bride.

□ splendid 화려한
□ be held for ⋯을 위해 개최되다
□ miserable 불쌍한
□ go abroad 승선하다

□ marriage 결혼, 결혼식
□ pierce 찌르다
□ sorrow 슬픔
□ hand in hand 손을 마주 잡고

The music began.

The Little Mermaid joined in the dance.

Her feet felt as if they were pierced by knives.

But the pain in her heart was worse.

"This is my last night.

I will never see my Prince again!" she thought.

The party lasted until after midnight.

The Little Mermaid hid her sorrow and danced
all night. Then the Prince kissed his bride.

And they walked hand in hand to their beautiful
cabin.

as if 마치 …처럼
Her feet felt as if they were pierced by knives.
그녀의 발은 마치 칼에 찔린 것처럼 느껴졌다.

Finally, a silence came over the ship. [1]

Only the Little Mermaid remained on the deck.

She looked toward the east and waited for the sun.

"I will die in the morning," she thought.

Then she saw her sisters among the waves.

They no longer had beautiful long hair.

"What happened to your hair?" she tried to shout.

"We gave our hair to the Witch," called one sister.

"And she gave us this sharp knife! [2]

Before the sun rises, kill the Prince.

When his warm blood touches your feet, your fish tail will appear again.

And you can come back to us!

Hurry! Soon the sun will rise and you will die!"

They gave her the knife and then sank beneath the waves.

□ the east 동쪽
□ no longer 더 이상 …않다
□ knife 칼

□ blood 피
□ peaceful 평화로운
□ lift 들어올리다

[1] **come over** 찾아오다, 덮치다
Finally, a silence came over the ship. 마침내 배에 정적이 찾아왔다.

[2] **give + 간접목적어(A) + 직접목적어(B)** A에게 B를 주다
And she gave us this sharp knife!
그리고 그녀는 우리에게 이 날카로운 칼을 주었어!

The Little Mermaid went to the Prince's cabin.

She watched him as he slept beside his bride.

He looked so peaceful.

She lifted the sharp knife toward him.

"On, no!" she shouted to herself. ☀

She could not kill him! She loved him too much!

Mini-Less ☀ n

See p.83

to oneself : 자기 자신에게만, 혼자만

전치사 to 다음에 재귀대명사가 오면 '자기 자신에게만, 혼자만' 이라는 뜻이 된답니다.

• "On, no!" she shouted to herself. "오, 안돼!" 그녀는 자신에게 소리쳤다.

• My grandmother talks to herself sometimes. 할머니는 가끔 혼잣말을 하신다.

She ran up to the deck and threw the knife into the sea.

The waves turned blood red where it fell. [1]

Then she dived into the cold water.

It surrounded her and then her body turned into sea foam.

The morning sun rose above the waters.

It warmed the cool sea.

But, the Little Mermaid did not feel dead.

In the bright sunlight, she saw hundreds of fairies moving in the sky.

Their beautiful voices sang of love and kindness.

The Little Mermaid felt her body floating like theirs. [2]

She rose up into the air.

□ run up to …으로 뛰어 올라가다
□ throw 던지다
　(throw-threw-thrown)
□ surround 감싸다

□ bright sunlight 밝은 햇살
□ fairy 요정
□ rise up into …속으로 올라가다
□ melt 녹다

---

[1] **where + 주어(A) + 동사(B)** A가 B한 곳
The waves turned blood red where it fell.
칼이 떨어진 곳은 물결이 핏빛으로 변했다.

[2] **feel + 목적어(A) + ...ing(B)** A가 B하는 것을 느끼다
The Little Mermaid felt her body floating like theirs.
인어 공주는 자신의 몸이 그들의 몸처럼 떠 있는 것을 느꼈다.

"Who are you?"
she asked as she floated high above the sea.
"We are the daughters of the air," answered
one fairy.
"Like you, we have no soul.
But if we are good and kind, we can get one.
We carry the sweet smell of flowers through the air.
We take the warm air to melt the snow.
After three hundred years, we can have a soul."
"But why did you bring me here?"
asked the Little Mermaid.
"You have been good.
Now you can have a soul, too.
A soul never dies!"

The Little Mermaid looked down at the Prince's ship.

She saw that the Prince and the Princess were searching for her.

Then they stopped and gazed sadly into the sea.

They knew the Little Mermaid had thrown herself into the waves.

The Little Mermaid flew down and kissed the Prince and his bride.

They felt the warm air around them.

"Don't be sad," she whispered to them.

"I am very happy now."

Then the Little Mermaid flew back to the daughters of the air.

She looked toward the sun.

A bright smile appeared on her face.

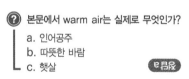

❓ 본문에서 warm air는 실제로 무엇인가?
a. 인어공주
b. 따뜻한 바람
c. 햇살

정답 a

□ search for …을 찾다
□ gaze into …속을 응시하다
□ throw oneself
　　스스로를(자신의 몸을) 던지다
□ fly down 날아 내려오다
□ around …주위에
□ fly back to …으로 되돌아 날아가다
□ appear on …에 떠오르다(나타나다)

Check-up Time!

● **WORDS**

퍼즐의 빈 칸에 들어갈 알맞은 낱말을 쓰세요.

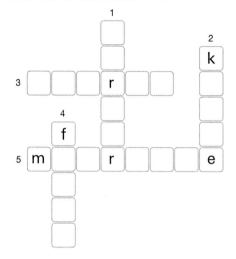

Across

3. 슬픔

5.

Down

1. 항구

2.

4. 요정

● **STRUCTURE**

as가 보기와 같은 뜻으로 쓰인 문장을 고르세요.

> All the church bells rang and trumpets sounded <u>as</u> they left the ship.

a. Her feet felt <u>as</u> if they were pierced by knives.

b. She watched him <u>as</u> he slept beside his bride.

c. I would rather choose you <u>as</u> my bride.

ANSWERS

Structure | b
Words | 1. harbor 2. knife 3. sorrow 4. fairy 5. marriage

76 ● The Little Mermaid

● COMPREHENSION

다음은 누가 한 말일까요? 기호를 써 넣으세요.

a.   b.   c.   d.

1 _____ "After three hundred years, we can have a soul."

2 _____ "Before the sun rises, kill the Prince."

3 _____ "This is my last night. I will never see my Prince again!"

4 _____ "I have found my true love."

● SUMMARY

빈 칸에 알맞은 말을 보기에서 골라 이야기를 완성하세요.

> The Prince and the Princess (   ). They looked happy but the Little Mermaid was (   ). The Little Mermaid's sisters gave her a knife, but she could not (   ) him. She (   ) into the waves and became the daughter of the air.

a. dived   b. kill

c. married   d. miserable

After the Story

Reading X-File 이야기가 있는 구문 독해
Listening X-File 공개 리스닝 비밀 파일
Story in Korean 우리 글로 다시 읽기

She saw him go sailing with his friends.

인어공주는 왕자가 친구들과 항해하러 가는 것을 보았다.

★　★　★

인간 세계의 왕자에게 마음을 빼앗겨 매일 밤 왕자가 살고 있는 성 근처로 가는 인어공주. 그녀는 왕자가 항해하거나 산책하는 모습을 보며 인간 세상을 부러워하게 되는데요, 왕자가 친구들과 배를 타러 나가는 상황을 묘사한 위 문장에서 '…하러 나가다'를 뜻하는 go + …ing가 쓰였어요. 그럼 이 표현을 왕자와 인어공주의 대화로 다시 볼까요?

Prince

I will go hunting tomorrow.
Will you go with me?

나는 내일 사냥하러 갈 거야.
나와 같이 가겠니?

Little Mermaid

Oh, sure.
I can't wait.

오, 물론이죠.
너무 기다려져요.

It looked very scary and smelled terrible.

마녀의 집은 매우 으스스하고 끔찍한 냄새가 났다.

★　★　★

인간이 되고 싶은 인어공주는 마녀의 집을 찾아갑니다. 마녀의 집으로 가는 길이 하도 으스스해서, 인어공주는 미리 겁을 집어먹게 되는데요, 막상 도착한 그 집도 이처럼 끔찍했어요. 위 문장에 쓰인 look〔smell, feel, sound〕 등과 같은 감각동사는 그 뒤에 형용사가 쓰여 '…하게 보이다〔…한 냄새가 나다, …하게 느껴지다, …한 소리가 나다〕'라는 뜻을 만들어내고 있어요. 인어공주와 그녀 언니의 대화로 다시 볼까요?

You look really tired.
What happened to you?

넌 정말 피곤해 보이는구나.
무슨 일이 있었던 거니?

Sister

I had a huge storm last night.
And I saved the Prince.

어젯밤 엄청난 폭풍을 만났어.
그리고 왕자님도 구했어.

Little Mermaid

I would rather choose you as my bride!

나는 차라리 너를 신부로 택하겠어!

★　★　★

부모님의 강요로 이웃 나라 공주와 결혼해야 할 처지에 놓인 왕자. 그는
자신을 구해주었다고 믿고 있는 한 여인을 사랑하고 있으며, 그녀와 결혼
하지 못한다면 차라리 여동생 같은 인어공주와 결혼하겠다고 말합니다.
이때 사용한 as는 '…로서'라는 자격을 나타내는 전치사라는 것, 알고 있
었나요? 그럼 인어공주와 할머니의 대화로 다시 한번 익혀 봐요.

Little Mermaid

Why must I wear these lilies in my hair?
I want my red flowers.

왜 이 백합들을 머리에 꽂아야 하나요?
전 제 빨간 꽃들을 꽂고 싶어요.

Grandmother

Lilies represent royalty, so you
have to wear them as a princess.

백합은 왕족을 상징한단다. 그러니까
너는 공주로서 그것을 꽂아야 한단다.

"On, no!" she shouted
to herself.

"오, 안돼!" 인어공주는 자신에게 소리쳤다.

★　★　★

왕자를 칼로 찔러 그 피를 다리에 적시면 다시 인어로 돌아갈 수 있다는 얘기를 언니로부터 전해들은 인어공주. 그러나 차마 사랑하는 사람을 찌르지는 못하고 결국 위와 같이 행동하고 맙니다. 이때 쓰인 표현인 '자기 자신에게 …하다'라는 뜻의 동사+to oneself, 잊지 말고 기억해 두세요. 그럼 언니들의 대화로 이 표현을 다시 한번 볼까요?

She sings to herself all day long.
She looks happy!

그녀는 하루 종일 노래를 흥얼대네.
행복해 보이는걸!

Sister 1

That's because she found
where her Prince lived.

그건 왕자님이 어디에 사는지 알았기 때문이지.

Sister 2

01 스따! 스까이! 힘있게 읽어주세요~

s 뒤에 t, k, p가 오면 된소리로 발음해 주세요.

━━━━━━━━━━━━━━━━━━━━━━━

s 뒤에 t, k, p의 거센 소리가 오면 이들은 된소리인 [ㄸ], [ㄲ], [ㅃ]에 가깝게 발음됩니다. star는 [스따], sky는 [스까이]처럼 말이지요. 거센 소리를 싫어하는 영어에서 t, k, p 같은 소리들이 된소리로 변화한 것이지요. 그럼 이런 현상을 본문 24쪽에서 함께 볼까요?

As she floated on the calm sea, she saw the evening (①) twinkling in the night (②).

① **star** 들었죠? s 뒤에 t가 와서 [스타]가 아니라 [스따]에 가깝게 발음했어요.

② **sky** [스카이]라고 읽었나요? 아니죠, [스까이]로 읽었지요. s 뒤에 k가 올 경우 된소리로 발음되기 때문이랍니다.

02 구조를 원한다면? 헤엎!

끝자음 앞에 오는 l은 소리가 거의 안 들리는 경우가 많아요.

위험에 빠졌을 때 흔히 [헬프]라고 외치죠. 하지만 아무리 외쳐봐도 아무도 구해 주지 않을지도 몰라요. 왜 그럴까요? help 같이 l이 마지막 자음 바로 앞에 오면 거의 [어] 소리로 약화돼요. 그래서 헬프~가 아니고 [헤엎]이라고 발음해야 한답니다. 그럼 본문 32쪽에서 살펴 볼까요?

> Huge waves broke over its sides.
> "A storm!" shouted the sailors. "(①)! (②)!"

① **Help** [ㄹ] 소리가 생략되어 [헤엎]으로 들리지요?

② **Help me** "나를 살려주세요!" 많이 쓰는 표현이에요. 이 경우 help 뒤에 me가 붙어서 [헤엎:미]로 들린답니다.

t가 r을 만났을 때…

t 뒤에 r이 오면 t가 [ㅌ]가 아니라
[ㅊ]에 가깝게 소리나요.

크리스마스 트리? 자세히 들어보면 아니에요. 크리스마스
츄리라고 하는 것을 알 수 있어요. 왜 그럴까요? tree, try
처럼 t 바로 뒤에 r이 오면 t가 [ㅌ]가 아니라 [ㅊ]로 발음
이 되기 때문이랍니다. 그래서 [트리], [트라이]가 아니라
[츄리], [츄라이]로 발음됩니다. 본문 16쪽과 70쪽에서 다
시 한번 확인해 볼까요?

Wonderful (①) and flowers of all colors
grow under the water.

① **trees** 주의 깊게 들어보세요. [츄리즈]라고 발음한 것을 들을
수 있지요?

"What happened to your hair?" she (②) to
shout.

② **tried** 이번에도 마찬가지로 [츄라이드]라고 읽고 있네요.

04 파이팅? 아니, 화이팅!

f는 윗니로 아랫입술을 살짝 깨물고
바람을 세게 내보내며 [ㅎ]!

fighting! 우리가 매우 흔하게 쓰는 파이팅. 자세히 들어보면 파이팅이 아니라 화이팅에 가깝다는 것을 알 수 있답니다. f 발음은 윗니로 아랫입술을 지그시 깨물고 세게 바람을 내보내는 소리에요. 그러다 보니 바람소리가 나면서 [ㅍ]가 아니라 [ㅎ] 소리에 가까워진 것입니다. 본문 22쪽에서 이런 경우를 찾아 볼까요?

> "I'd love to see the world above the sea.
> I'd love to see the people, the (①) and the
> (②)!"

① **flowers** f 소리 잘 들으셨나요? [ㅎ]로 소리났어요.

② **flying fish** 한 단어로 나왔네요. 한 번 읽어볼까요? 플라잉 피쉬? 아니지요, 흘라잉 휘쉬에 가깝게 읽으셔야 해요.

1장 | 인어공주

p.16~17 저 멀리 바닷물 속은 푸르고 투명하다. 하얀 모래가 바다 밑을 덮고 있다. 형형색색의 멋진 나무와 꽃들이 바다 밑에서 자란다. 그리고 크고 작은 물고기들이 그 가지 사이를 헤엄친다.

옛날 옛적에 깊은 바다 속에 아름다운 궁궐이 있었다. 벽은 산호로 만들어졌고, 지붕은 조개로 덮여 있었다. 바다의 왕과 그의 아름다운 여섯 명의 딸들이 거기에 살고 있었다.

왕의 아내는 오래 전에 죽어서 왕의 늙은 어머니가 그들을 돌보고 있었다. 할머니는 여섯 명의 손녀들인 바다의 어린 공주들을 사랑했다.

p.18~19 바다의 공주들은 예쁜 소녀들이었지만, 막내가 가장 예뻤다.

그녀는 긴 금빛 머리카락을 가지고 있었다. 그녀의 눈은 바다처럼 파랬다. 그리고 그녀의 목소리는 모든 바다 밑 사람들 중에서 가장 아름다웠다.

그러나 언니들처럼 그녀도 긴 물고기 꼬리를 가지고 있었다. 그래서 그들은 인어로 알려졌다.

매일 바다의 공주들은 궁궐 안에서 놀았다. 아름다운 바다 꽃들이 궁궐 벽에서 자라났다. 물고기들은 창을 통해 들락거리며 그들과 놀았다.

이따금 공주들은 바다 밑바닥의 난파선으로 헤엄쳐 갔다. 그들은 금화와 조각상, 그리고 다른 예쁜 물건들을 가져오곤 했다.

p.20~21 하루는 막내 인어 공주가 바다 밑에서 잘 생긴 소년 모습의 하얀 석상을 발견했다. 그녀는 그것을 할머니에게 가지고 갔다.

"그것은 육지에 사는 사람 같구나." 할머니가 말했다.

"진짜요?" 인어공주가 말했다.

"그들은 분명히 멋질 거예요! 그들을 보고 싶어요!"

그녀는 소년 석상을 자신의 정원 한가운데에 놓았다. 그 주변에 예쁜 꽃들을 심었다.

인어 공주는 바다 위 세상에 대한 이야기를 듣는 것을 매우 좋아했다. 그녀는 호기심 많은 소녀였다.

할머니는 그녀에게 사람들, 배, 그리고 도시들에 대해 이야기해 주었다. 그러나 무엇보다 그녀는 향기 나는 꽃 이야기를 좋아했다. 그녀는 또한 새라고 불리는 날아다니는 물고기 이야기도 좋아했다. 그녀는 종종 어두운 바다 위를 올려다 보았다. 가끔 달과 별들을 볼 수 있을 뿐이었다.

"그 멋진 것들을 모두 보고 싶어요." 그녀는 말했다.

"네가 열다섯 살이 되면 갈 수 있단다." 할머니는 말했다.

"그럼 달빛 아래 바위에 앉아 지나가는 배들을 구경할 수 있단다."

p.22~23 언니들은 열다섯 살이 되자 각자 바다 표면까지 헤엄쳐 갔다. 그리고 돌아와 다른 자매들에게 자신의 모험담을 들려 주었다. 언제나 막내가 그런 모험담 듣는 데 가장 열성적이었다.

"아, 열다섯 살이 되고 싶어!" 그녀는 말했다.

"나는 정말 바다 위 세상을 보고 싶어. 사람, 꽃, 그리고 날아다니는 물고기들을 보고 싶어!"

마침내, 그녀의 열다섯 번째 생일이 왔다.

"자, 너를 언니들처럼 꾸며 주마." 할머니가 말했다.

그녀는 진주 목걸이를 인어공주의 목에 걸어 주었다. 그리고 긴 금빛 머리를 빗겨 주었다. 마지막으로 할머니는 하얀 백합들을 인어공주의 머리에 꽂아 주었다.

"왜 이 백합들을 꽂아야 하나요?" 그녀는 물었다.

"저는 제 정원의 빨간 꽃들을 꽂고 싶어요"

"백합은 왕족을 상징한단다." 할머니는 말했다.

"너는 공주니까 백합을 꽂아야 한단다. 이제 아주 예쁘구나. 가도 좋단다!"

"그럴게요, 할머니." 그녀는 외쳤다. "안녕히 계세요."

그리고 그녀는 물살을 가르며 곧장 헤엄쳐 올라갔다.

p.24 인어 공주가 바다 표면에 도착했을 때 해가 지고 있었다. 그녀는 고요한 바다 위에 떠서, 밤 하늘에 저녁 별이 반짝이는 것을 보았다.

그녀는 시원하고 신선한 공기를 들이마셨다. 그리고 나서 큰 바위 위에 앉았다. 그녀는 긴 머리로 몸을 감싸고 혼자 노래를 흥얼거렸다.

p.28~29 잠시 후, 인어공주는 배 한 척이 그녀 쪽으로 오는 것을 보았다. 선원들이 닻을 내렸다. 그러자 배는 고요한 바다 위에서 부드럽게 흔들렸다. 갑판 위에 색등들이 잔뜩 켜졌다.

'오, 정말 멋진 배인걸.' 그녀는 생각했다.

'저 색등들은 정말 예쁘네!'

그리고 나서, 인어공주는 배에서 흘러나오는 음악 소리를 들었다. 그녀는 배로 헤엄쳐 갔다. 갑판 위에는 멋진 옷을 입은 사람들이 많이 있었다. 그들은 모두 매우 흥겨워 보였다.

그들 중에 잘 생긴 젊은 남자가 있었다. 그는 왕자이고 그의 생일 파티가 열리는 중이었다. 그의 크고 검은 눈을 본 인어공주는 숨이 멎는 듯했다. 그는 그녀의 정원에 있는 소년 석상을 떠올리게 했다.

"정말 멋져." 그녀는 중얼거렸다.

"나는 이미 저 사람을 사랑하게 된 것 같아."

p.30 갑자기, 수백 개의 폭죽이 공기를 뚫고 날아올랐다.

"펑! 펑!"

배 위에 탄 모든 사람들이 환호성을 올렸다. 인어 공주는 시끄러운 소리에 겁이 났다. 그래서 그녀는 물 속으로 깊이 들어갔다. 그러나 곧 다시 튀어올라 배로 헤엄쳐 돌아갔다.

인어 공주는 계속 왕자를 쳐다보았다. 그에게서 눈을 뗄 수가 없었다.

"오, 정말 사랑스러워!" 그녀는 감탄했다.

"정말 저 사람과 이야기해 보고 싶어."

그녀는 자신의 긴 물고기 꼬리를 슬프게 쳐다 보았다.

"하지만 난 땅 위를 걸을 수 없어. 내게는 다리가 없어!"

p.32~33 갑자기, 바다 밑 깊은 곳에서 우르릉거리는 소리가 났다.

"조심해요! 바다를 조심해요!" 인어공주가 소리쳤다. 그러나 선원들은 그녀의 소리를 듣지 못했다. 배는 성난 바다 위에서 심하게 흔들렸다. 거대한 파도가 몰려와 배의 옆면을 덮쳤다.

"폭풍이다!" 선원들이 소리쳤다.

"사람 살려! 사람 살려!"

부러진 돛대와 돛이 갑판 위로 넘어졌다. 선원들 일부는 바다로 빠졌다. 인어 공주는 왕자 또한 바다로 빠지는 것을 보았다. 마침내 배는 바다 밑으로 가라앉았다.

그녀는 왕자를 구하기 위해 헤엄쳐 갔다. 그를 발견했을 때 그의 눈은 감겨 있었다.

"죽지 말아요, 내 사랑," 인어공주가 속삭였다.

"죽지 말아요! 내가 구해 줄게요."

그녀는 왕자의 머리를 물 위로 들었다. 파도가 그들을 해안으로 데려갔다. 해가 떠올랐을 때 폭풍은 그쳤다. 인어공주는 왕자를 바닷가로 끌어올렸다.

"아직 숨을 쉬고 있어! 살아 있어!" 그녀가 말했다.

`p.34~35` 곧 한 무리의 젊은 여자들이 바닷가로 내려왔다. 인어 공주는 놀라서 멀리 헤엄쳐 갔다.

그녀는 바다 위로 올라와 있는 큰 바위들 뒤에 숨었다. 그녀는 누가 왕자를 발견하는지 보기 위해 기다렸다.

젊은 여자들 중 한 명이 그를 발견했다. 그녀는 친구들을 불렀다.

"빨리 와! 여기 젊은 남자가 있어!"

그러자 왕자가 눈을 떴다. 그는 젊은 여자의 얼굴을 보았다.

"고맙습니다… 내 생명을 구해 주셔서…" 그가 작은 목소리로 말했다.

인어 공주는 왕자가 깨어나는 것을 지켜 보았다. 그는 자신을 구한 것이 인어공주라는 사실을 알지 못했다.

인어공주는 바다로 천천히 헤엄쳐 돌아갔다. 그녀는 매우 슬펐다.

인어공주가 집에 도착했을 때, 걱정하고 있던 언니들이 나와서 그녀를 맞았다.

"왜 이렇게 늦은 거니?"

"우리는 네가 끔찍한 폭풍 속에서 길을 잃었다고 생각했어!"

"바다 위에서 무슨 일이 있었던 거니?"

그러나 인어공주는 입을 열지 않았다. 그녀는 며칠 동안 방에 틀어박혔다.

그녀는 먹지 않았다. 누구와도 이야기하지 않았다. 그녀는 왕자를 향한 자신의 사랑이 헛된 것이라는 것을 알고 있었다.

그는 결코 인어와 결혼하지 않을 것이다!

p.36~37 마침내 그녀는 더 이상 비밀을 지킬 수 없었다. 그래서 언니들에게 이야기했다.

"나는 사랑에 빠졌어…" 그녀는 울먹였다.

"저런, 막내야!" 한 언니가 말했다.

"넌 그를 잊어야 해. 너와 그는 결코 함께 할 수 없어!"

그러나 언니들은 동생이 가여웠다. 언니들의 친구 중 하나가 왕자가 어디에 사는지 알고 있었다. 그래서 그 인어는 인어공주를 데리고 가서 왕자가 사는 성을 보여주었다. 인어공주는 매우 기뻤다.

그 후로, 그녀는 매일 밤 왕자의 성 근처로 헤엄쳐 갔다. 그리고 달빛 아래서 왕자를 바라보았다.

어떤 날은 그가 친구들과 항해하러 가는 것을 보았다. 또 다른 날 밤은 왕자가 가족들과 해안을 따라 산책하는 것을 보았다. 그녀는 육지의 사람들이 점점 더 좋아졌다. 그리고 그들과 함께 살고 싶은 마음이 간절해졌다.

3장 | 마법의 약

p.40 인어공주는 점점 더 호기심이 생겼다. 그녀는 할머니에게 사람들에 대해 물어보았다.

"만약 사람이 물에 빠져 죽지 않으면 영원히 사나요?" 인어공주는 말했다.

"그들도 죽는단다." 노부인이 말했다.

"그리고 그들은 우리보다 훨씬 짧게 살지. 우리는 삼백 년 동안 살 수 있단다. 그리고 우리의 몸은 물거품으로 변하지.

하지만 사람은 영혼을 가지고 있단다. 그들은 죽지만 그들의 영혼은 영원히 살게 되지."

"왜 우리는 영혼이 없는 거죠?" 인어공주는 슬프게 물었다.

"나는 진짜 사람이 되고 싶어요. 그들은 영혼을 가지고 있잖아요!"

"그렇게 생각하면 안 된다." 할머니가 말했다. "우리가 사람보다 행복한 거야!"

인어공주는 정말 영혼을 가지고 싶었다.

"영혼을 얻을 수 있나요?" 그녀는 할머니에게 물었다.

p.42~43 "인간 남자가 너를 그 무엇보다 사랑하는 경우에만 가능해." 할머니가 말했다.

"하지만 그런 일은 절대 일어날 수 없어! 네 물고기 꼬리는 바다에서 매우 아름답지. 하지만 육지에서는 흉하게 보일 거란다."

인어공주는 슬프게 그녀의 물고기 꼬리를 쳐다보았다.

"자, 행복해지자꾸나!" 노부인이 말했다.

"우리는 오늘 저녁에 무도회를 열 거다. 오늘 밤 노래하고 춤추자꾸나. 그럼 기운이 날 거야!"

그날 밤, 인어공주는 그 누구보다도 감미롭게 노래했다.

p.44 잠시 동안 그녀는 행복했다. 그러나 곧 잘 생긴 왕자에 대해 생각하기 시작했다. '바다 마녀를 만나야겠어.' 그녀는 생각했다. '아마 나를 도와줄 거야!'

그래서 그녀는 마녀의 집으로 헤엄쳐 갔다. 그 집은 어두운 바다의 가장 깊은 곳에 위치해 있었다. 그녀는 오랫동안 헤엄쳤다. 마침내 인어공주는 마녀의 집에 도착했다. 그 집은 난파한 사람들의 뼈로 지어졌다. 그것은 매우 으스스해 보였고 냄새가 지독했다.

'아, 무서워.' 인어공주는 생각했다. '하지만 난 해야만 해.'

p.46~47 마녀는 그녀를 기다리고 있었다.

"나는 네가 왜 왔는지 알고 있다." 그녀는 말했다.

"넌 인간 남자를 사랑해서 두 다리를 가지고 싶어하지. 어리석은 소녀야! 왕자는 너와 절대 결혼하지 않을 거야!"

"제발 도와주세요." 인어공주는 애원했다.

"좋아, 여기 마법의 약이 있다." 마녀는 말했다.

"해가 뜨기 전에 해안으로 헤엄쳐 가야 한다. 그리고 바닷가에 앉아 이것을 마셔라. 너의 꼬리가 두 다리로 나눠질 거야.

하지만 잘 들어라! 매우 고통스러울 거야!"

"나는 내 사랑을 위해 무엇이든 하겠어요."

인어공주가 떨리는 목소리로 말했다.

"잘 기억해 둬!" 마녀는 말했다.

"만약 이렇게 하면 너는 절대 다시는 인어가 될 수 없어.

절대로 집에 돌아갈 수도 없지.

　만약 왕자가 다른 사람과 결혼하면 너는 물거품으로 변하게 돼!"

　"나는 왕자님을 너무나 사랑해요." 인어공주는 외쳤다.

　"나는 해야만 해요!"

p.48~49　"이제 대가로 네 아름다운 목소 리를 가져가겠다." 마녀는 말했다.

　"하지만 목소리가 없다면" 인어공주 는 말했다. "어떻게 그에게 말을 할 수 있나요?"

　"네 아름다운 눈으로 말해!" 마녀가 소리 질렀다.

　"이제 네 고운 목소리를 가져가겠다!"

　그리고 나서 마녀는 큰 소리로 웃으며 인어공주의 목소리를 빼앗았다.

　인어공주는 급히 집으로 돌아갔다. 모두가 잠든 궁궐은 매우 고요했다. 그녀는 가족 들에게 작별인사를 하고 싶었다. 그러나 한 마디도 할 수 없었다.

　그 다음 그녀는 자신의 사랑스러운 정원으로 갔다. 그녀는 모든 것을 두고 떠나는 것이 매우 슬펐다. 하지만, 그녀는 왕자를 가장 사랑했다.

　마침내 인어공주는 해안으로 헤엄쳤다. 그녀는 물가에 앉아 마법의 약을 마셨다. 갑자기 그녀의 몸에 극심한 고통이 밀려왔다! 그녀는 기절하여 모래 위에 쓰러졌다.

4장 │ 땅 위의 삶

p.54~55　얼마 후, 그녀는 깨어났다. 그녀는 사랑하는 왕자를 보고는 깜짝 놀랐다. 그는 크고 검은 눈동자로 그녀를 바라보고 있었다.

　그녀는 자신의 몸을 내려다 보았다. 그녀의 꼬리는 사라졌다! 대신에 완벽한 두 다리를 가지고 있었다.

　"너는 누구지?" 왕자가 말했다.

　하지만 그녀는 말을 할 수 없었다. 그녀의 아름다운 파란 눈이 그를 바라보았다.

　"말을 못하니, 귀여운 소녀야?" 왕자는 말했다.

　"아니면 수줍은 거니?"

이번에도 그녀는 아무 말도 하지 않았다. 그러자 왕자는 그녀를 팔로 일으켜 자신의 성으로 데리고 갔다.

p.56~57　　인어공주에게 좋은 비단 옷들이 주어졌다. 모두 그녀의 아름다움에 놀랐다. 그녀는 성에서 가장 사랑스러운 소녀였다.

'아주 아름답군.' 왕자는 생각했다.

'나는 저 아이가 매우 좋아.'

매일 저녁 성에서 아름다운 소녀들이 왕자와 왕과 왕비를 위해 노래하고 춤을 추었다.

'오, 나도 왕자님을 위해 노래하고 싶어!

그러면 내가 그를 사랑하는 것처럼 그도 나를 사랑하게 될 텐데.' 인어공주는 생각했다.

하지만 슬프게도 인어공주는 노래할 수 없었다. 대신, 그녀는 발 끝으로 일어나서 바닥을 가로질러 춤을 추었다. 모두 그녀를 보기 위해 멈췄다.

그녀처럼 춤을 잘 추는 사람은 일찍이 없었다. 그들은 그녀의 아름다움과 우아함에 감탄했다. 왕자는 그녀에게서 눈길을 뗄 수가 없었다.

p.59　　그 후부터 인어공주는 어디든 왕자와 함께 갔다. 그들은 함께 말을 타고 사냥하러 갔다. 가끔은 산을 오르기도 했다.

그녀의 가엾은 발은 언제나 매우 아프고 피가 흘렀다. 하지만 그녀는 그것에 대해 말하지 않았다. 그녀는 사랑하는 왕자와 함께 있어서 매우 행복했다!

이따금씩 밤에 그녀는 타는 듯한 발을 바다 물에 식히러 갔다. 상쾌한 바다를 보면 고향 생각이 났다.

그녀는 궁궐, 가족들, 그리고 자신의 정원을 생각했다. 그녀는 모든 것이 매우 그리웠다.

p.60　　어느 날 밤 인어공주는 파도 속에서 무언가 움직이는 것을 보았다.

그녀의 언니들이었다! 그들은 인어공주를 알아보고 그녀 쪽으로 헤엄쳐 왔다.

"막내야! 너 죽지 않았구나!" 그들은 소리쳤다.

인어공주는 "언니들이 그리웠어!"라고 외쳤지만 아무 소리도 나오지 않았다.

"집으로 오렴, 막내야!" 한 언니가 말했다.

"모두 네가 없어서 불행하단다!"

그녀는 "하지만 난 왕자님을 사랑해. 그를 떠날 수 없어." 라고 말하고 싶었다.

언니들은 손을 흔들어 작별하며 물결치는 바다 밑으로 잠수해 사라졌다. 그녀는 다시 혼자가 되었다.

p.62~63 인어공주는 왕자가 자신을 여동생처럼 사랑한다는 것을 알고 있었다. 그는 그녀와 결혼할 생각이 없었다. 이것이 그녀를 매우 슬프게 했다.

그녀의 눈은 언제나 그에게 "나를 사랑하나요?"라고 묻고 있었다.

"너는 내게 매우 소중하단다." 왕자는 말했다.

"넌 그 소녀와 아주 많이 닮았어. 그녀는 나를 폭풍에서 구했단다. 난 그녀만을 사랑해."

'내가 당신의 생명을 구했어요.' 인어공주는 슬프게 생각했다.

"부모님은 내가 공주와 결혼하기를 바라셔."
그는 그녀에게 말했다.

"나는 내일 그녀를 만나러 가야 한단다.
하지만 그녀와 결혼하고 싶지 않아.
그러느니 차라리 너를 신부로 택하
겠어!"

이 말에 인어공주는 매우 행복했다!

'오, 언젠가 왕자님은 나와 결혼하겠구
나.' 그녀는 생각했다.

"내일 배를 타고 나와 함께 공주를 만나러
가자." 왕자는 말했다.

5장 | 공기의 요정

p.67 다음날 왕자의 배는 항구에 도착했다. 왕자 일행이 배에서 내리자, 교회 종들이 모두 울리고 트럼펫이 연주되었다.

많은 사람들이 그들을 환영하기 위해 나왔다. 인어공주는 곧 만나게 될 공주가 궁금했다.

'공주는 어떻게 생겼을까?' 그녀는 궁금했다.

마침내 아름다운 공주가 나타났다. 왕자는 대번에 그녀를 알아보았다.

"오, 당신이군요!" 그는 외쳤다. "당신이 내 생명을 구했지요!"

왕자는 그녀를 끌어안고 입을 맞췄다.

"난 지금 정말 기뻐!" 그는 인어공주에게 말했다.

"난 진정한 사랑을 찾았어. 우리를 축하해줘!"

인어공주는 그에게 미소를 지었지만 그녀의 가슴은 찢어졌다!

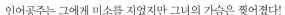

p.68~69 다음날 왕자와 공주의 성대한 결혼식이 거행되었다. 두 사람은 매우 행복해 보였다. 그러나 인어공주는 매우 비참했다. 그녀는 그날이 자신이 죽기 전 마지막 날이라는 것을 알고 있었다.

그날 저녁 사람들 모두 배에 올랐다. 바다는 고요했고 밤 하늘은 청명했다. 항구를 떠나자 가벼운 바람이 돛을 가득 부풀게 했다. 선원들이 갑판 위의 등을 켰다. 그리고 모두들 왕자와 그의 신부의 결혼을 축하했다.

음악이 시작되었다. 인어공주는 춤추는 사람들 속에 끼었다. 그녀의 발은 마치 칼로 찌르는 듯 아팠다. 그러나 그녀의 가슴 속 고통이 더 컸다.

'오늘이 나의 마지막 밤이야. 나는 왕자님을 두 번 다시 못 볼 거야!' 그녀는 생각했다.

파티는 자정 이후까지 계속되었다. 인어공주는 슬픔을 숨기고 밤새도록 춤을 추었다. 이윽고 왕자는 신부에게 입을 맞추었다. 그리고 그들은 손에 손을 잡고 아름답게 치장한 선실로 걸어갔다.

p.70~71 마침내, 배 위에 고요가 찾아왔다. 인어공주만이 갑판 위에 남아 있었다. 그녀는 동쪽을 바라보며 해가 떠오르기를 기다렸다.

'아침이 오면 난 죽게 될 거야.' 그녀는 생각했다.

그 때 그녀는 파도 속에서 언니들을 보았다. 그들은 더 이상 아름다운 긴 머리카락을 가지고 있지 않았다.

"언니들 머리카락이 어떻게 된 거야?" 그녀는 외치려 했다.

"우리는 머리카락을 마녀에게 줬어." 한 언니가 외쳤다.

"그리고 마녀는 날카로운 칼을 주었지! 해가 떠오르기 전에 왕자를 죽여.

그의 따뜻한 피가 네 발을 적시면 다시 물고기 꼬리가 생길 거야. 그리고 넌 다시 우리에게 올 수 있어! 서둘러! 곧 해가 뜨고 그러면 넌 죽게 돼!"

언니들은 인어공주에게 칼을 주고 파도 밑으로 헤엄쳐 들어갔다.

인어공주는 왕자의 선실로 갔다. 그녀는 신부 옆에서 잠자고 있는 왕자를 바라보았다. 그는 매우 평안해 보였다. 그녀는 그를 향해 날카로운 칼을 들어올렸다.

"오, 안돼!" 그녀는 마음속으로 소리쳤다.

그녀는 그를 죽일 수 없었다! 그를 너무 사랑했다!

p.72~73 그녀는 갑판 위로 뛰어올라가 칼을 바다에 던졌다. 칼이 떨어진 곳은 파도가 피처럼 붉게 변했다.

그리고 그녀는 차가운 물 속으로 뛰어들었다. 물이 그녀를 감싸고 그녀의 몸은 바다거품으로 변했다.

아침 해가 바다 위로 떠올랐다. 해는 차가운 바다 위로 따뜻하게 비쳤다. 하지만, 인어공주는 죽음이 느껴지지 않았다.

밝은 햇살 속에 그녀는 수백 명의 요정들이 하늘에서 움직이는 것을 보았다. 그들은 아름다운 목소리로 사랑과 친절을 노래했다.

인어공주는 자신의 몸이 그들처럼 떠 있는 것을 느꼈다. 그녀는 공기 중으로 올라갔다.

"당신들은 누구예요?" 그녀는 바다 위로 높이 떠오르며 물었다.

"우리는 공기의 요정들이란다." 한 요정이 대답했다.

"너처럼 우린 영혼이 없단다. 하지만 우리가 고운 마음씨를 가지면 영혼을 얻게 돼.

우리는 향긋한 꽃 냄새를 공기 속에 나르지. 따뜻한 공기로 얼음을 녹이기도 한단다. 삼백 년 후 우린 영혼을 갖게 돼."

"그런데 왜 나를 이리 데려 왔죠?" 인어공주가 물었다.

"넌 착하게 살았어. 이제 너도 영혼을 가질 수 있어. 영혼은 절대 죽지 않아!"

p.74 인어공주는 왕자의 배를 내려다 보았다. 그녀는 왕자와 공주가 자신을 찾고 있는 것을 보았다.

이윽고 그들은 걸음을 멈추고 슬프게 바다를 바라보았다. 그들은 인어공주가 파도 속에 몸을 던졌음을 깨달았다.

인어공주는 날아 내려가 왕자와 그의 신부에게 입을 맞추었다. 그들은 그들 주위에 따뜻한 기운을 느꼈다.

"슬퍼하지 말아요." 인어공주는 그들에게 속삭였다.

"나는 지금 아주 행복해요."

그리고 인어공주는 날아서 공기의 요정들에게 돌아갔다. 그녀는 해 쪽을 바라보았다. 환한 미소가 그녀의 얼굴에 떠올랐다.